Plinkermaus
und
Zwirbelschnecke

Mathias Jeschke

Plinkermaus und Zwirbelschnecke

Vierzig vierzeilige Viechereien

Mit Illustrationen
von Mathias Weber

VERMES-VERLAG

Für Leah, Luisa und Lili

Tintoretto Tintenfisch

Selten war ein Maler so begabt,
zeichnet, pinselt, wischt und schabt.
Ist zum Bildermalen stets bereit.
Und immer acht – zur gleichen Zeit!

Kalif Käfer

Aus Dung erschafft er eine Welt,
die rollt er durch den dunklen Wald.
Hätt er das Runde nicht gewollt,
wär seine Welt sehr rau und wild.

Leopold, der Leopard

Er lauerte, er strich und schlich
um sie herum und fragte sich,
warum er diese Spring-Gazellen
nie erwischte, die so schnellen.

Das Schlafgiraffenland

Blätter an den hohen Bäumen,
Hälse, die sich schmeidig wiegen.
Tiere, die in tiefen Träumen
schlafend unter Bäumen liegen.

Herr Specht hat recht

Wann immer ich nur was behaupte,
kommt in Kürze schon Herr Specht
und er weist mich scharf zurecht –
was seit je den Schlaf mir raubte.

Die Spinatwachtel

Ruth, die Wachtel, liebt Spinat.
Sie holt ihn aus dem Eckgeschäft,
mal tiefgekühlt, mal als Salat,
genießt und liest ihr Popeye-Heft.

Plinkermaus
und Zwirbelschnecke

Sie waren einst ein Liebespaar.
Doch bald schon wurde offenbar,
dass Maus auch Uhu Augen machte,
mit ihm über Schnecke lachte!

Die Schnecke und die Schnake

Schnecke unten, Schnake oben.
Schnecke langsam, Schnake schnell.
Schnecke kriech und Schnake fliech.
Schnecke schleim und Schnake stich.

Das Honigschwein

An Wochentagen trinkt das Tier
ausnahmslos nur Weizenbier.
Am Sonntag aber schlürft das Schwein
genüsslich seinen Honigwein.

Fräulein Mäuschen

Sie ist ja immer schon so sehr verhuscht,
selbst, wenn sie sich die Wimpern tuscht.
Kein Mäuserich ist sich ihr sicher.
Stets ziert sie sich mit viel Gekicher.

Kolibri und Kolkrabe

Klein und flüchtig ist der eine,
grob und schwarzpräsent der andre.
Leicht und Schmetterling der eine,
kräh und nussknackend der andre.

Schnelle Schnecke,
flinker Floh

Es schleimt die Schnecke vor sich hin
und der Floh springt nebenher.
Die Schnecke zielt nicht auf Gewinn
und auch der Floh zielt nicht auf mehr.

Rabenschnabelspachtelspecht

Ein Vielfraß ist er, unser Freund,
auch wenn es uns erst nicht so scheint.
Er füllt sich täglich seinen Bauch.
Und ein Großmaul ist er auch!

Die Schlingschlange

Neulich ist ihr was gelungen ...
Ihr bot sich leckre Beute feil –
doch es war ihr Hinterteil!
Fast hätte sie sich selbst verschlungen.

Der Reisebussard

Stets unterwegs an ferne Ufer,
immer aus auf neues Land,
grüßt von oben er – ein Rufer –
zwei, die gehen Hand in Hand.

Orang-Utan mit Orange

Seine Lieblingsfrucht, die Apfelsine,
teilt er mit der Frau Sabine.
Sabine, seine Wärterin,
wohnt in seinem Herzen drin.

Die Spinnen gewinnen

Meine Töchter schreien prompt,
wenn eine um die Ecke kommt.
Ich eil herbei und trag sie fort –
schon kreischts an einem andren Ort!

Ihre Matjestät,
die Heringsprinzessin

Sehr elegant schwimmt sie durchs Meer,
verfolgt von einem ganzen Heer
von Jungs aus einem Meeresarm.
Jeder Einzelne wär gern ihr Schwarm.

Die Schlafkaninchen

Süß, wie sie so selig schlafen,
träumen von den Wolkenschafen.
Morgen früh gehts Leben weiter.
Schlaft bis dahin froh und heiter!

Ein Pferd, das nicht fährt

Dieses Pferd hat keine Räder,
es hat Beine, deren vier.
Und sein Zaumzeug ist aus Leder,
mit dem ziehts die Ladung Bier.

Goldammer-Märchen

Sie erzählte immer dasselbe:
Es sei nicht das Goldne, sondern das Gelbe
vom Ei, das ihr das Leben verschöne –
weshalb ihr Gatte sie ständig verhöhne!

Die Krabbe in der Krabbelgruppe

Sie ist so winzig, die süße Kleine,
schiebt sich vor, die feinen Beine
noch nicht kräftig, doch ist es Lust.
Ja, krauche, Kind, weil du es musst!

Der Wal der Qual

Sich ein Weibchen auszusuchen,
fällt dem Wal besonders schwer.
Denn er neigt dazu zu fluchen.
Und das missfällt ner Walin sehr!

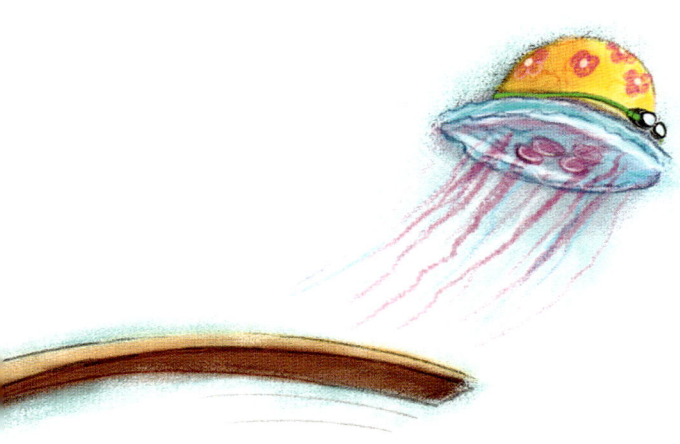

Die Qualle im leeren Hallenbad

Sie trägt eine Badehaube
und auch eine Badebrille.
Springt vom Fünfer eine Schraube,
jauchzt ihr Jauchzen durch die Stille.

Der Floh auf dem Floß

Ihm war nicht wohl am Hundeschwanz,
das war ein echter Wackeltanz!
Da triebs den Floh ganz weit nach vorn.
Er fühlt sich dort wie neugeborn.

Die Meise, die Maus und die leise Laute

Die Meise spielt ein Instrument,
das der Künstler „Laute" nennt.
Die zufrieden stille Maus bekennt:
„Ich spüre, dass mein Herz mir brennt."

Die Schnecken der Sieben Meere

Über die Meere, von Schiffen befahren,
hallt noch der Ruf nach sieben Jahren:
Es waren die Schnecken, die Mordspiraten,
die uns die schrecklichsten Übel antaten!

Eine Hummel auf Einkaufsbummel

Hat ihre Beutel stets dabei,
füllt sie mit lauter Allerlei.
Als zu Haus sie eingetroffen,
war ihr Gatte tief betroffen.*

* Es fehlte mal wieder der Honig.

Der Tiger regiert

Alle glauben, der Löwe sei King.
Doch hier ists ein völlig anderes Ding:
Der Tiger ist König, der uns regiert.
Und seine Kiddies sind schon zu viert!

Der Geier spielt Leier

Himmel, es klingt echt bescheuert,
was auf der Leier der Geier da eiert!
Das Publikum will lieber den Puter
mit dem Beat von seinem Computer.

Der Haiku-Hai

Ein Hai, ein japanischer, dichtete einst:
„Schnee, der aufs Meer sinkt.
Bleichrote Sonne, du scheinst,
dass die Jagd gelingt."

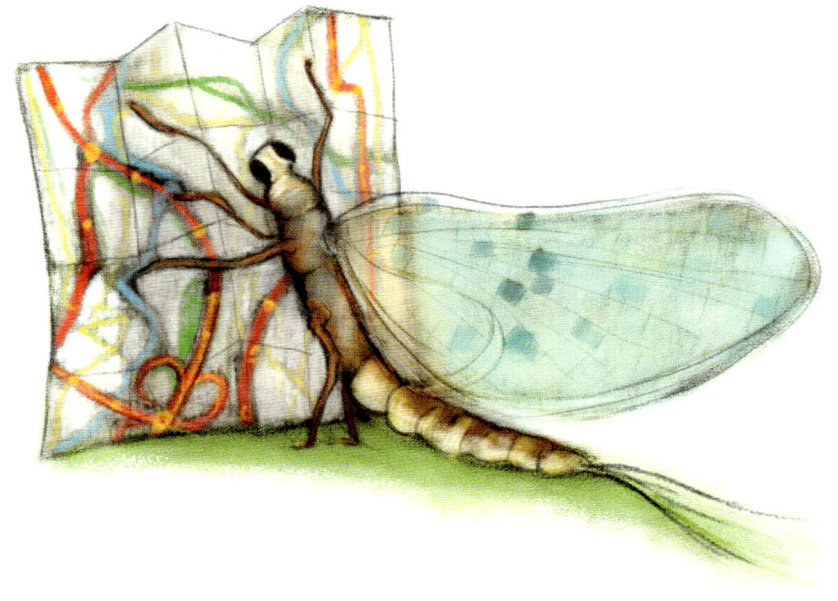

Die Dreitagsfliege

Ein Tag allein wär nicht genug,
drei Tage braucht sie für den Flug
von Papenburg bis hin nach Emden,
um ihr Dasein dort zu enden.

Der Maulwurf Meuchelwitz

Er gräbt, ein Gräber vor dem Herrn,
ja, man sieht es schon von fern:
Er hat die Wiese sich erobert.
Und sein Vorname ist Robert.

Piff-Paff-Pinguin

Watschel, watschel, schüttel dich!
Spring ins Wasser, säume nicht!
Lass dich nicht ins Bockshorn jagen,
fang dir was an guten Tagen!

Hummelchen, das Pummelchen

Manch einer hält sie wohl für dick,
doch ist das alles nur ein Trick.
Sie plustert sich und macht sich schick,
sucht an Bertel Bommels Brust ihr Glück.

Die Hygiene-Hyäne

Sie hält sich täglich pfleglich rein.
Es ist ihr peinlich, die zu sein,
die die andren sehr verachten,
weil sie stinke, wie sie dachten.

Die Taube und der Blinde

Er fühlte es: Sie rauscht heran.
Sie plante es, das nahm er an:
Sie hatte Hunger und er Brot –
er streuts ihr hin in ihrer Not.

Was Ameisen beweisen

Sie eilen auf weitesten Wegen
und vergrößern ihren Haufen.
Die Strecke, die sie zurücklegen,
willst du im Leben nicht laufen.

Hammerhai und Hammerhummer

Sie kamen darin überein:
Es ist so good, alive zu sein!
Ja, wir hassen das Gejammer,
dieses Leben ist der Hammer!

Der Ozelot liebt Cervelat

Das wilde Tier, es liebt die Wurst.
Doch bald darauf treibt es der Durst
zur Wasserquelle und da trinkt es.
Und dann pupst es und dann stinkt es.

Mathias Jeschke, 1963 in Lüneburg geboren, hat Theologie studiert und ist als Verlagslektor für das Kinderprogramm der Deutschen Bibelgesellschaft in Stuttgart verantwortlich. Er veröffentlicht Literatur für Kinder und Lyrik, außerdem übersetzt er Bilderbuchgeschichten aus dem Englischen. Sein bekanntestes Buch ist „Der Wechstabenverbuchsler" (Boje Verlag, 2010). Er erhielt neben mehreren Stipendien den Würth-Literatur-Preis und war 2023 für den Deutschen Jugendliteraturpreis nominiert.

Mathias Weber, geboren 1967 in Esslingen, lebt in Ladenburg bei Heidelberg, wo er als freier Illustrator und Grafiker im Bereich Bilder- und Kinderbuch arbeitet. Für den Thienemann-Esslinger-Verlag kolorierte er die Kinderbücher von Otfried Preußler und illustriert die Jim-Knopf-Bilderbuchreihe. Für die Deutsche Bibelgesellschaft hat er viele Bücher mit biblischen Geschichten bebildert.

Mathias Jeschke und Mathias Weber haben bereits ein Buch gemeinsam veröffentlicht: „Wie lieb du mich hast. Psalmen für Kinder" (Deutsche Bibelgesellschaft, 2023).

Inhalt

Bundesministerium
Kunst, Kultur,
öffentlicher Dienst und Sport

Der Vermes Verlag wird im Rahmen der Kunstförderung
des Bundesministeriums für Kunst, Kultur, öffentlichen Dienst
und Sport unterstützt.

Wir danken der Abteilung für Kunst und Kultur der
NÖ Landesregierung für die Unterstützung.

1. Auflage
© 2024, Vermes-Verlag Ges.m.b.H.
Bahnhofstraße 8, 3430 Tulln an der Donau
Alle Rechte vorbehalten.
Text: Mathias Jeschke
Umschlag und Innenillustrationen: Mathias Weber
Lektorat: Natalie Tornai
Satz und Gestaltung: Mathias Weber
Druck: GrafikMediaProduktionsmanagement GmbH, Köln
Gedruckt in der EU

ISBN 978-3-903300-94-1
www.vermes-verlag.com